25 Avril 1881.

COLLECTION

DE

M. le Marquis de PICCINARDI

TABLEAUX ANCIENS

PRINCIPALEMENT

DE L'ÉCOLE ITALIENNE

<table>
<tr><td>Me E. BERTHELIN</td><td>M. A. BLOCHE</td></tr>
<tr><td>COMMISSAIRE-PRISEUR</td><td>EXPERT</td></tr>
</table>

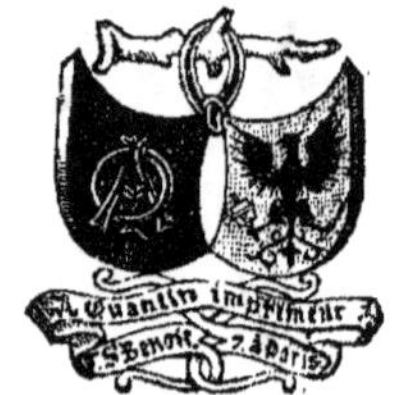

CONDITIONS DE LA VENTE

Elle sera faite au comptant.

Les acquéreurs payeront *cinq centimes par franc* en sus des enchères applicables aux frais.

L'Exposition mettant les acquéreurs à même de se rendre compte de l'état et de la nature des objets, il ne sera admis aucune réclamation, une fois l'adjudication prononcée.

CATALOGUE

DES

TABLEAUX ANCIENS

APPIANI, BARTOLOMMEO, LE BASSAN,
BOLTRAFFIO, BORDONE, BOUCHER, BOURGUIGNON,
PAUL BRIL, CANALETTO, CHARDIN, LE CORRÈGE,
CRESPI, DOLCI, DROOGSLOOT, GUARDI,
FRANZ HALS, ANGELICA KAUFMANN, LUINI, MARCO,
MELZI, MORONE, VAN OSTADE, PANINI,
LE PARMESSAN, LE PERUGIN, SALVATOR ROSA,
VAN STREEK, TIEPOLO, LE TITIEN,
ZUCCARELLI, ETC.;

SUITE DE BEAUX PORTRAITS DU XVIᵐᵉ SIÈCLE

DEUX CABINETS INCRUSTÉS D'IVOIRE

FORMANT LA COLLECTION DE

M. le marquis de PICCINARDI

ET DONT LA VENTE AURA LIEU

Le Mardi 26 Avril 1881

A DEUX HEURES ET DEMIE

HOTEL DROUOT, SALLE Nº 9

<table>
<tr><td>Mᵉ E. BERTHELIN
COMMISSAIRE-PRISEUR
29, rue Le Peletier</td><td>M. A. BLOCHE
EXPERT
44, rue Laffitte</td></tr>
</table>

EXPOSITION PUBLIQUE

LE LUNDI 25 AVRIL 1881, DE 1 HEURE 1/2 A 5 HEURES 1/2

DÉSIGNATION

TABLEAUX

APPIANI (Le chevalier A.)

1. — Portrait de la Grassini, pinçant de la guitare.

BAGNASCO

2. — Ville d'Italie, au bord de la mer, animée de figures de pêcheurs, de barques etde voiliers.

BARTOLOMMEO

3. — Un Prophète.

BASSAN (*Attribué au*)

4. — Portrait du seigneur Fioravanti, de Trévise.

> Représenté assis devant une table sur laquelle sont posés un chapelet, la légende des saints, un message à son adresse. En haut, un écusson indiquant la date du tableau (1607) et l'âge du personnage (quatre-vingt-quatre ans).

BOLTRAFFIO

5. — Portrait de Bianca Maria.

> Représentée de profil, avec coiffure à résille de perles et costume enrichi de joyaux.
>
> Œuvre intéressante.

BOLTRAFFIO

6. — Portrait de femme à chevelure longue et dorée, retenue par une résille, vêtue d'une robe grise à corsage décolleté, bordé par la chemisette.

BORDONE (*Attribué à*)

7. — Portrait de Bianca Cappello.

BOUCHER (*Attribué à* FRANÇOIS)

8. — Vénus endormie, surprise par les Satyres et les Amours; grisaille.

> Œuvre intéressante.

BOURGUIGNON

9. — Troupe de cavaliers se préparant à franchir une rivière.

BOURGUIGNON *(Attribué à)*

10-11. — Combat et scène de camp.

> Cadres en bois sculpté.
> Deux pendants.

BRIL (Paul)

12-13. — Jolis Paysages arrosés par des cours d'eau et animés de nombreux petits personnages.

> Charmantes compositions.

CANALETTO

14. — Le grand Canal, à Venise, sillonné de nombreuses gondoles.

> Bel effet de perspective.

CARIANI

15. — Portrait d'un gentilhomme appuyé sur la garde de son épée.

CERANO

16-17. — La Fuite en Égypte.

> Peinture sur cuivre.

CHARDIN *(Genre de)*

18. — Oiseaux, raisins et poires.

CORRÈGE (*Genre du*)

19. — Sainte Famille.

CRESPI

20. — Portrait du seigneur *Claudissimo de Pozzio,* daté
de 1670.

VAN DAEL (*Genre de*)

21. — Fleurs et fruits.

Deux pendants.

DOLCI (*Attribué à*)

22. — Vierge en prière.

DOLCI (*Attribué à*)

23. — Vierge en prière.

DOLCI (*Attribué à*)

24. — Le Christ.

Cadre en bois sculpté et doré.

DOLCI (*Attribué à*)

25. — L'Annonciation.

Cadre en bois sculpté et doré.

DROOGSLOOT

26. — Fin de chasse au cerf.

Signé des monogrammes et daté de 1650.

FERRARI

27. — Le martyre de sainte Catherine.

Cadre en bois sculpté.

GUARDI (*Attribué à*)

28. — Ruines au bord de la mer.

Deux pendants.

GUARDI (*Attribué à*)

29-30. — Palais italiens animés de personnages.

Deux pendants.

GUARDI (*Attribué à*)

31. — Vue d'un port.

GUARDI (*Attribué à*)

32. — Paysage avec cours d'eau, animé de figures.

Deux pendants

HALS (*Attribué à* FRANZ)

33. — Portrait d'une servante.

Cadre en bois sculpté et doré.

KAUFMANN (ANGELICA)

34. — Portrait de l'artiste représenté dans un médaillon.

Signé en toutes lettres dans le cartouche du cadre.

LORRAIN (*Genre de* CLAUDE)

35. — Paysage avec cavaliers et figures.

LUINI

36. — La Crèche.

MARCO (d'OGGIONNO)

37. — Portrait de Ludovic Le More représenté de trois quarts, à chevelure toute bouclée et coiffé d'un fez.

Œuvre intéressante du maître.

MARCO (d'OGGIONNO)

38. — Sainte Catherine.

MARCO (d'OGGIONNO)

39. — La Vierge et l'Enfant.

MELZI

40. — La Vierge et l'Enfant.

Porte en bas, à droite, le monogramme **M. F.**

MORONE

41. — Portrait d'un gentilhomme espagnol.

A gauche on lit la devise : *Dios y mi espada.*

MORONE

42. — Portrait d'un gentilhomme dilettante.

MORONE (*Attribué à*)

43. — Portrait de Borgia.

MUYDEN

44. — Intérieur de couvent.

NOTTER (*Attribué à* DAVID de)

45-46. — Fleurs et fruits.

Deux pendants.

VAN OSTADE (Adrien)

47. — Portrait d'homme assis.

> Signé des monogrammes A. O., percé par un clou.
> Au revers du panneau une gravure, portrait du peintre par Gôle.

VAN OSTADE (*Attribué à*)

48. — Intérieur d'étable ; porc et laie.

> Signé à gauche.

PANINI

49-50. — Ruines de palais animées de nombreux personnages.

> Deux pendants.

PARMESSAN (*École du*)

51. — Fête de Vierge.

PERUGIN (*Attribué au*)

52. — Saint Roch.

PIOLA

53. — Les Élus.

POTTER (*Genre de* PAUL.)

54. — Vaches sur une colline.

REMBRANDT (*École de*)

55. — Portrait d'un gentilhomme tenant un livre.

ROMAIN (*Attribué à* JULES)

56. — Portrait d'un gentilhomme.

ROSA (*Attribué à* SALVATOR)

57. — Guerriers se préparant à traverser le gué.

ROSE DE TIVOLI (*Attribué à*)

58. — Vaches et moutons au milieu des montagnes.

ROSE DE TIVOLI (*Attribué à*)

59. — Paysan avec âne et brebis sur une route rocheuse.

VAN SPAENDOUCK (*Attribué à*)

60. — Vase de fleurs et coquillages.

VAN STREEK

61. — Nature morte.

Signé en bas : *J. V. Streek f.*

TIEPOLO

62. — Portrait d'une statuaire.

TIEPOLO

63. — Vieillard.

TINTORET (*Attribué au*)

64. — Portrait d'un chevalier en armure partant pour la guerre sainte.

A gauche on lit : *Voto à Dio.*

TITIEN (*École du*)

65. — Portrait d'un doge.

Représenté assis devant une fenêtre laissant entrevoir la ville de Venise.

TITIEN (*École du*)

66. — Portrait de grande dame à chevelure blonde.

ZUCCARELLI

67. — Bergers, bergères et troupeaux dans de riants paysages
arrosés par des cours d'eau.

Deux pendants.

ÉCOLE FLORENTINE

68. — Sainte Famille en adoration.

ÉCOLE FRANÇAISE

69. — Laurent Bernin.

ÉCOLE FRANÇAISE

70. — Paysage montagneux animé de figures.

ÉCOLE FRANÇAISE

71. — Vénus et l'Amour.

Peinture sur cuivre.

ÉCOLE FRANÇAISE

72. — Renard et Chiens.

ÉCOLE ITALIENNE

73. — La Crèche.

ÉCOLE ITALIENNE

74. — La Vierge et l'Enfant assistés d'un Amour.

ÉCOLE ITALIENNE

75. — Saint Jean-Baptiste.

Peinture sur marbre ; beau cadre en bois sculpté et doré.

ÉCOLE ITALIENNE

76-77. — Épisodes de la vie de saint Roch.

Deux pendants.

ÉCOLE ITALIENNE

78. — Saint Jean.

Cadre en bois sculpté et doré.

ÉCOLE ITALIENNE

79. — Sainte Famille, assistée des Anges.

ÉCOLE ITALIENNE

80. — La Crèche.

ÉCOLE ITALIENNE

81. — Sainte Madeleine

MEUBLES

82. — Cabinet en bois noir guilloché, orné d'incrustations d'ivoire avec sujets gravés, époque Louis XIII.

83. — Cabinet en ébène, orné de plaques d'ivoire, gravé, époque Louis XIII.

PARIS. — Impr. J. CLAYE. — A. QUANTIN et Cⁱᵉ, rue Saint-Benoît. [695]